한글사경

천수경

화엄북스

사경 정진

사경이란 경전을 옮겨 쓰는 것을 말한다.

경전은 부처님께서 설하신 진리의 말씀이기 때문에 깨끗한 마음으로 정성을 다하여

사경에 임하는 일은 부처님의 마음을 가장 깊이 느끼고 이해할 수 있는 기도며 수행이다.

경전 속의 문자나 진언, 염불, 변상도 등은 단순한 문자나 그림이 아니라

중생들의 본성과 부처님의 마음을 여실하게 표현한 것이다.

예로부터 큰스님들은 경전의 한 글자 한 글자에 모두 부처님께서 함께하신다고 생각하여

사경을 할 때는 한자를 쓰고 삼배를 올리는 일자 삼배의 수행으로 사경을 하셨다.

사경의 신앙은 경전의 뜻을 보다 깊이 이해하는 의미도 크지만 자신의 원력을

사경속에 담아서 신심을 키워 나가는 데 그 목적이 있다고 하겠다.

우리에게 지혜와 자비의 길을 설하신 부처님의 가르침을 눈으로 읽고

소리를 내어서 염송하고 마음으로 이해를 한 뒤에 온 신경을 집중하고 정성을 다하여

사경에 임할때 부처님께서 자기와 함께하는 경건함과 환희로움을 체험할 수 있다.

엄숙한 분위기에서 조용히 정좌하고 호흡을 가다듬어 정신을 통일한 뒤

정성드려 행하는 사경은 번뇌와 미혹의 마음을 벗어나 청정한 심신이 되어

부처님의 마음과 통하게 된다. 부처님의 마음과 자기의 마음이 하나로 통하게 되면

지혜의 빛이 우리의 마음 속 깊이 스며들어 온다. 그때 몸과 마음의 안락과 함께 행복을

느끼면서 모든 이웃의 존재에 대한 자비심이 일어나게 된다.

이것이 진정한 사경의 신앙이다.

사경 공덕

사경의 공덕은 모든 중생들이 청정한 마음으로 불경을 옮겨 써서
수지하고 독송하며 남을 위하여 설하여 주면 윤회의 고통으로부터 벗어난다고 하였다.
또한 사경을 한 불경을 불상과 불탑에 공양을 하면 부처님의 보호와 위신력으로
일체의 재앙이 소멸되고 현세에는 복락을 성취한다고 한다.

"만약 어떤 사람이 경전을 사경, 수지, 해설하면 대원을 성취한다."
-『법화경』「법사공덕품」

"보현아, 만일 경전을 받아가지고 읽고 외우며 바르게 기억하고 닦고 익히며 옮겨 쓰는
이가 있으면, 마땅히 알라. 이 사람은 석가모니 부처님을 만나 뵙고 부처님의 입으로부터
직접 경전을 설하심을 들은 것과 같으니라"
-『법화경』「보현보살권발품」

"무수한 세월 동안 물질로 보시를 한 공덕보다 경전을 사경, 수지, 독송하여 다른
사람들을 위하여 해설을 한 공덕이 더 수승하다.
-『금강경』「지경공덕분」

"반야경을 사경한 공덕이 탑을 조성한 공덕보다 수승하다.
-『도행반야경』「탑품」

그렇다면 사경을 하게 되면 어떤 이익이 있을까?
다음과 같은 몇 가지로 요약을 해볼 수 있을 것이다.
산란심이 사라지고 마음이 안정된다.
심신이 정화되어 몸이 건강해진다.
번뇌가 사라지고 지혜가 자라난다.
부처님의 가르침을 깊이 이해하게 된다.
불법의 인연에 감사하고 생활이 즐거워진다.
부처님의 가호로 고통과 번뇌가 사라지고 발원한 일들이 성취된다.
깊은 믿음과 굳건한 신념이 생긴다.

불자가 경상에 앉아서 경전을 읽거나 사경을 하게 되면 호법신장이 항상 그 사람의 곁을 떠나지 않고 보호하여주며 산란하던 마음이 안정되고 지혜가 생기므로 생활이 안정되고 어려운 일들이 차츰 없어지고 해결이 되며 화합과 기쁨이 넘치는 가정이 된다.

사경 순서

삼귀의

사경발원문
시방세계의 모든 부처님과 보살님께 발원하옵니다. 오늘 저희들은 지극한 마음으로 사경을 봉행하오니 이 경전을 쓰는 공덕이 무량하여 선망부모가 왕생극락하고 다겁생래로 지어온 모든 죄업이 소멸되어 위없는 깨달음을 얻게 하소서.
그리고 지금 이루어지는 이 경전이 미래세가 다하도록 없어지지 않아 이후 모든 이웃들이 이 경전을 보면 환희심을 내고 불법을 깊이 깨달아 구경에 성불하기를 발원하옵니다.

참회문
한량없는 옛적부터 내가지은 모든 악업, 탐착심과 증오심과 미혹으로 생기었고, 몸과 입과 뜻을 따라 무명으로 지었기에 부처님께 진심으로 참회하고 비옵니다.

참회진언
"옴 살바 못자모지 사다야 사바하"(세번)

십념
청정법신 비로자나불, 원만보신 노사나불, 천백억화신 석가모니불, 당래하생 미륵존불
시방삼세 일체제불, 시방삼세 일체존법, 대지문수 사리보살, 대행 보현보살
대비 관세음보살, 제존보살마하살 마하반야바라밀

사경관념문

물은 대자비로 흐르는 지혜의 물이요. 먹은 깊은 선정의 굳은 먹입니다. 선정의 먹으로
지혜의 물을 갈아서, 실상법신의 문자를 옮겨 씁니다.
이 문자는 삼세제불의 깊고 깊은 가르침이며 모든 부처님의 진실한 참모습입니다.
이 말씀은 선정과 지혜의 법문이니 나와 남을 위하는 공덕이 두루 갖춰져 있습니다.
이 경의 말씀은 온 누리의 모든 중생들을 살펴보아 근기에 맞춰 설법해 널리 이웃을
이롭게 합니다. 이런 까닭에 제가 지금 경전의 사경을 봉행합니다. 원컨대 이 공덕으로
저와 더불어 온 누리의 모든 중생들이 끝없이 옛적부터 지어온 몸과 입과 마음으로
지어온 모든 죄업과 허물들이 남김없이 소멸되고 발원하는 모든 일들이 원만하게
성취되며, 정념으로 실상을 관하고 불도를 깨달아 윤회의 바다를 벗어나게 하여지이다.

입정·사경

주변을 깨끗이 정돈하고 몸과 마음을 청정하게 한다. 정좌하여 자세를 바르게 하고
호흡을 가다듬는다. 입정·사경한다. 발원문을 읽고 불전에 삼배한다.

회향문

사경 공덕 무량하여 삼업 중죄 소멸되니
몸과 마음 굳게 가져 보리심을 발합니다.
세세생생 보살의 길 나아가기 원하오니
시방삼세 부처님이시여 증명하여 주옵소서.

사홍서원

중생을 다 건지오리다. 번뇌를 다 끊으오리다.
법문을 다 배우오리다. 불도를 다 이루오리다.

자성중생을 다 건지오리다. 자성번뇌를 다 끊으오리다.
자성법문을 다 배우오리다. 자성불도를 다 이루오리다.

천수경(千手經)

[천수경]은 우리나라 사람들이 가장 많이 읽는 경전의 하나로, 절에서는

아침저녁으로 독송하는 경전일 뿐 아니라 각종 의식(儀式)에서 빠질 수 없는 경전이다.

그러므로 불자라면 누구나 필수적으로 외워야 하는 독송집(讀誦集)이다.

[천수경]의 원래 명칭은 '천수천안관자재보살광대원만무애대비심대다라니경

(千手千眼觀自在菩薩廣大圓滿無碍大悲心大陀羅尼經)'인데, 여기서 천수는

천수천안(千手千眼)관세음보살을 뜻한다.

관세음보살님께서 지난 무량겁(無量劫)전에 천광왕정주여래(天光王精住如來)로부터 받으신

'대비신주(大悲神呪)를 다시 중생을 위하여 세상에 설하신 것이므로『천수경』이라 한다.

관세음보살은 범어 '아바로기테스바라(Avalokitesvara)' 로서 '관자재(觀自在), 광세음(光世音),

관세자재(觀世自在), 관세음자재(觀世音自在)'라 번역한다. 줄여서 '관음'이라 칭하기도 한다.

관세음보살은 32응신(應身)14무외력 4불사의덕(不思議德)을 갖추어 현세에는

신통력(神通力)과 위신력(威神力)으로 중생들을 자비롭게 보살피신다.

그리고 사후에는 아미타불이 계신 서방정토 극락세계로 중생을 인도하는 보살이시다.

특히『천수경』의 다라니(陀羅尼)를 일심으로 외우면

관세음보살님께서 천수천안의 위신력과 자비로 중생을 교화해 주신다고 한다.

자성중생서원도 자성번뇌서원단 자성법문서원학 자성불도서원성
자성삼보에 귀의합니다.
나무상주시방불 나무상주시방법 나무상주시방승

사경시작한날   년   월   일

.... 두 손 모 음

천 수 경

정구업진언 | 구업을 청정케 하는 진언

수리수리 마하수리 수수리 사바하

수리수리 마하수리 수수리 사바하

수리수리 마하수리 수수리 사바하

오방내외안위제신진언

| 오방내외 신중을 편안하게 모시는 진언

나무 사만다 못다남 옴 도로 도로 지미 사바하

나무 사만다 못다남 옴 도로 도로 지미 사바하

나무 사만다 못다남 옴 도로 도로 지미 사바하

개경게 | 경전을 펴는 게송

위없이 심히깊은 미묘한법을

백천만겁 지난들 어찌만나리

제가이제 보고듣고 받아지니니

부처님의 진실한뜻 알아지이다.

개법장진언 | 법장을 여는 진언

옴 아라남 아라다.

옴 아라남 아라다.

옴 아라남 아라다.

천수천안 관음보살 광대하고 원만하며

걸림없는 대비심의 다라니를 청하옵니다.

자비로운 관세음께 절하옵나니

크신원력 원만상호 갖추시옵고

천손으로 중생들을 거두시오며

천눈으로 광명비춰 두루살피네.

진실하온 말씀중에 다라니펴고

함이없는 마음중에 자비심내어

온갖소원 지체없이 이뤄주시고

모든죄업 길이길이 없애주시네.

천룡들과 성현들이 옹호하시고

백천삼매 한순간에 이루어지니

이다라니 지닌몸은 광명당이요

이다라니 지닌마음 신통장이라.

모든번뇌 씻어내고 고해를건너

보리도의 방편문을 얻게되오며

제가이제 지송하고 귀의하오니

온갖소원 마음따라 이뤄지이다.

자비하신 관세음께 귀의하오니

일체법을 어서속히 알아지이다.

자비하신 관세음께 귀의하오니

지혜의눈 어서어서 얻어지이다.

자비하신 관세음께 귀의하오니

모든중생 어서속히 건네지이다.

자비하신 관세음께 귀의하오니

좋은방편 어서어서 얻어지이다.

자비하신 관세음께 귀의하오니

지혜의배 어서속히 올라지이다.

자비하신 관세음께 귀의하오니

고통바다 어서어서 건너지이다.

자비하신 관세음께 귀의하오니

계정혜를 어서속히 얻어지이다.

자비하신 관세음께 귀의하오니

열반언덕 어서어서 올라지이다.

자비하신 관세음께 귀의하오니

무위집에 어서속히 들어지이다.

자비하신 관세음께 귀의하오니

진리의몸 어서어서 이뤄지이다.

칼산지옥 제가가면 칼산절로 꺾여지고

화탕지옥 제가가면 화탕절로 사라지며

지옥세계 제가가면 지옥절로 없어지고

아귀세계 제가가면 아귀절로 배부르며

수라세계 제가가면 악한마음 선해지고

축생세계 제가가면 지혜절로 얻어지이다.

나무 관세음보살마하살

나무 대세지보살마하살

나무 천수보살마하살

나무 여의륜보살마하살

나무 대륜보살마하살

나무 관자재보살마하살

나무 정취보살마하살

나무 만월보살마하살

나무 수월보살마하살

나무 군다리보살마하살

나무 십일면보살마하살

나무 제대보살마하살

나무 본사아미타불

나무 본사아미타불

나무 본사아미타불

신묘장구 대다라니 | 신묘한 대다라니

나모 라다나 다라야야 나막알약 바로기제

새바라야 모지사다바야 마하사다바야 마하가로

니가야 옴 살바 바예수 다라나 가라야 다사명

나막 까리다바 이맘알야 바로기제 새바라 다바

니라간타 나막하리나야 마발다 이사미 살발타

사다남 수반아예염 살바보다남 바바마라

미수다감 다냐타 옴 아로계

아로가 마지로가 지가란제 혜혜하례 마하모지

사다바 사마라 사마라 하리나야 구로구로 갈마

사다야 사다야 도로도로 미연제 마하미연제 다라

다라 다린 나례 새바라 자라자라 마라미마라

아마라 몰제예혜혜 로계새바라 라아 미사미

나사야 나베사미사미 나사야 모하자라 미사미

나사야 호로호로 마라호로 하례 바나마나바

사라사라 시리시리 소로소로 못쟈못쟈 모다야

모다야 매다리야 니라간타 가마사 날사남

바라하리나야 마낙 사바하 싯다야 사바하

마하싯다야 사바하 싯다 유예 새바라야 사바하

니라간타야 사바하 바라하 목카싱하 목카야

사바하 바나마 하따야 사바하 자가라 욕다야

사바하 상카섭나네 모다나야 사바하 마하라

구타다리야 사바하 바마사간타 이사시체다

가릿나 이나야 사바하 먀가라 잘마니바 사나야

사바하

나모라 다나다라 야야 나막알야 바로기제

새바라야 사바하

나모라 다나다라 야야 나막알야 바로기제

새바라야 사바하

나모라 다나다라 야야 나막알야 바로기제

새바라야 사바하

사방찬 l 사방을 깨끗이 하는 찬

동방에 물뿌리니 도량이 맑고

남방에 물뿌리니 청량얻으며

서방에 물뿌리니 정토이루고

북방에 물뿌리니 평안해지네.

도량찬 | 청정한 도량의 찬

온도량이 청정하여 티끌없으니

삼보천룡 이도량에 강림하시네

제가이제 묘한진언 외우옵나니

대자대비 베푸시어 가호하소서.

참회게 | 죄업을 뉘우치는 게송

지난세월 제가지은 모든악업은

옛적부터 탐진치로 말미암아서

몸과말과 생각으로 지었사오니

제가이제 모든죄업 참회합니다.

참제업장십이존불

| 열두 부처님을 칭명하여, 듣게 되면 업장이 소멸되는 가지참회법

나무 참제업장 보승장불

보광왕 화렴조불

일체향화 자재력왕불

백억항하사 결정불

진위덕불

금강견강 소복괴산불

보광월전 묘음존왕불

환희장마니 보적불

무진향 승왕불

사자월불

환희장엄 주왕불

제보당마니 승광불

십악참회 | 열 가지 악업을 참회함

살생으로 지은죄업 참회합니다.

도둑질로 지은죄업 참회합니다.

사음으로 지은죄업 참회합니다.

거짓말로 지은죄업 참회합니다.

꾸민말로 지은죄업 참회합니다.

이간질로 지은죄업 참회합니다.

악한말로 지은죄업 참회합니다.

탐욕으로 지은죄업 참회합니다.

성냄으로 지은죄업 참회합니다.

어리석어 지은죄업 참회합니다.

오랜세월 쌓인죄업 한생각에 없어지니

마른풀이 타버리듯 남김없이 사라지네.

죄의자성 본래없어 마음따라 일어나니

마음이 사라지면 죄도함께 없어지네

모든죄가 없어지고 마음조차 사라져서

죄와마음 공해지면 진실한 참회라네

참회진언 | 죄업을 뉘우치는 진언

옴 살바 못자모지 사다야 사바하

옴 살바 못자모지 사다야 사바하

옴 살바 못자모지 사다야 사바하

준제찬 | 준제주의 찬

준제주는 모든공덕 보고이어라

고요한 마음으로 항상외우면

이세상 온갖재난 침범못하리.

하늘이나 사람이나 모든중생이

부처님과 다름없는 복을받으니

이와같은 여의주를 지니는이는

결정코 최상의법 이루오리라.

나무 칠구지불모대준제보살

나무 칠구지불모대준제보살

나무 칠구지불모대준제보살

정법계진언 | 법계를 맑게 하는 진언

옴 람   옴 람   옴 람

호신진언 | 몸을 보호하는 진언

옴 치림   옴 치림   옴 치림

관세음보살 본심미묘 육자대명왕진언

| 관세음보살님의 본마음을 보여주는 미묘한 육자대명왕진언

옴 마니 반메 훔

옴 마니 반메 훔

옴 마니 반메 훔

준제진언

나무 사다남 삼먁삼못다 구치남 다냐타 옴

자례주례 준제 사바하 부림

나무 사다남 삼먁삼못다 구치남 다냐타 옴

자례주례 준제 사바하 부림

나무 사다남 삼먁삼못다 구치남 다냐타 옴

자례주례 준제 사바하 부림

준제발원 | 준제보살의 발원

제가이제 준제주를 지송하오니

보리심을 발하오며 큰원세우고

선정지혜 어서속히 밝아지오며

모든공덕 남김없이 성취하옵고

수승한복 두루두루 장엄하오며

모든중생 깨달음을 이뤄지이다.

여래십대발원문 | 부처님께 발하는 열 가지 원

원하오니 삼악도를 길이 여의고

탐진치 삼독심을 속히 끊으며

불법승 삼보이름 항상 듣고서

계정혜 삼학도를 힘써 닦으며

부처님을 따리서 항상 배우고

원컨대 보리심에 항상 머물며

결정코 극락세계 가서 태어나

아미타 부처님을 친견 하옵고

온세계 모든국토 몸을 나투어

모든중생 빠짐없이 건져지이다.

발사홍서원 | 네 가지 큰 서원

가없는 중생을 건지오리다.

끝없는 번뇌를 끊으오리다.

한없는 법문을 배우오리다.

위없는 불도를 이루오리다.

자성의 중생을 건지오리다.

자성의 번뇌를 끊으오리다.

자성의 법문을 배우오리다.

자성의 불도를 이루오리다.

제가 이제 삼보님께 귀명합니다.

시방세계 부처님께 귀명합니다.

시방세계 가르침에 귀명합니다.

시방세계 스님들께 귀명합니다.

시방세계 부처님께 귀명합니다.

시방세계 가르침에 귀명합니다.

시방세계 스님들께 귀명합니다.

시방세계 부처님께 귀명합니다.

시방세계 가르침에 귀명합니다.

시방세계 스님들께 귀명합니다.

천 수 경

정구업진언 | 구업을 청정케 하는 진언

수리수리 마하수리 수수리 사바하

수리수리 마하수리 수수리 사바하

수리수리 마하수리 수수리 사바하

오방내외안위제신진언

| 오방내외 신중을 편안하게 모시는 진언

나무 사만다 못다남 옴 도로 도로 지미 사바하

나무 사만다 못다남 옴 도로 도로 지미 사바하

나무 사만다 못다남 옴 도로 도로 지미 사바하

개경게 | 경전을 펴는 게송

위없이 심히깊은 미묘한법을

백천만겁 지난들 어찌만나리

제가이제 보고듣고 받아지니니

부처님의 진실한뜻 알아지이다.

개법장진언 | 법장을 여는 진언

옴 아라남 아라다.

옴 아라남 아라다.

옴 아라남 아라다.

천수천안 관음보살 광대하고 원만하며

걸림없는 대비심의 다라니를 청하옵니다.

자비로운 관세음께 절하옵나니

크신원력 원만상호 갖추시옵고

천손으로 중생들을 거두시오며

천눈으로 광명비춰 두루살피네.

진실하온 말씀중에 다라니펴고
함이없는 마음중에 자비심내어
온갖소원 지체없이 이뤄주시고
모든죄업 길이길이 없애주시네.

천룡들과 성현들이 옹호하시고
백천삼매 한순간에 이루어지니
이다라니 지닌몸은 광명당이요
이다라니 지닌마음 신통장이라.

모든번뇌 씻어내고 고해를건너
보리도의 방편문을 얻게되오며

제가이제 지송하고 귀의하오니

온갖소원 마음따라 이뤄지이다.

자비하신 관세음께 귀의하오니

일체법을 어서속히 알아지이다.

자비하신 관세음께 귀의하오니

지혜의눈 어서어서 얻어지이다.

자비하신 관세음께 귀의하오니

모든중생 어서속히 건네지이다.

자비하신 관세음께 귀의하오니

좋은방편 어서어서 얻어지이다.

자비하신 관세음께 귀의하오니

지혜의배 어서속히 올라지이다.

자비하신 관세음께 귀의하오니

고통바다 어서어서 건너지이다.

자비하신 관세음께 귀의하오니

계정혜를 어서속히 얻어지이다.

자비하신 관세음께 귀의하오니

열반언덕 어서어서 올라지이다.

자비하신 관세음께 귀의하오니

무위집에 어서속히 들어지이다.

자비하신 관세음께 귀의하오니

진리의몸 어서어서 이뤄지이다.

칼산지옥 제가가면 칼산절로 꺾여지고

화탕지옥 제가가면 화탕절로 사라지며

지옥세계 제가가면 지옥절로 없어지고

아귀세계 제가가면 아귀절로 배부르며

수라세계 제가가면 악한마음 선해지고

축생세계 제가가면 지혜절로 얻어지이다.

나무 관세음보살마하살

나무 대세지보살마하살

나무 천수보살마하살

나무 여의륜보살마하살

나무 대륜보살마하살

나무 관자재보살마하살

나무 정취보살마하살

나무 만월보살마하살

나무 수월보살마하살

나무 군다리보살마하살

나무 십일면보살마하살

나무 제대보살마하살

나무 본사아미타불

나무 본사아미타불

나무 본사아미타불

신묘장구 대다라니 | 신묘한 대다라니

나모 라다나 다라야야 나막알약 바로기제

새바라야 모지사다바야 마하사다바야 마하가로

니가야 옴 살바 바예수 다라나 가라야 다사명

나막 까리다바 이맘알야 바로기제 새바라 다바

니라간타 나막하리나야 마발다 이사미 살발타

사다남 수반아예염 살바보다남 바바마라

미수다감 다냐타 옴 아로계

아로가 마지로가 지가란제 혜혜하례 마하모지

사다바 사마라 사마라 하리나야 구로구로 갈마

사다야 사다야 도로도로 미연제 마하미연제 다리

다라 다린 나례 새바라 자라자라 마라미마라

아마라 몰제예혜혜 로계새바라 라아 미사미

나사야 나베사미사미 나사야 모하자라 미사미

나사야 호로호로 마라호로 하례 바나마나바

사리사라 시리시리 소로소로 못쟈못쟈 모다야

모다야 매다리야 니라간타 가마사 날사남

바라하라나야 마낙 사바하 싯다야 사바하

마하싯다야 사바하 싯다 유예 새바라야 사바하

니라간타야 사바하 바라하 목카싱하 목카야

사바하 바나마 하따야 사바하 자가라 욕다야

사바하 상카섭나네 모다나야 사바하 마하라

구타다리야 사바하 바마사간타 이사시체다

가릿나 이나야 사바하 먀가라 잘마니바 사나야
사바하

나모라 다나다라 야야 나막알야 바로기제
새바라야 사바하

나모라 다나다라 야야 나막알야 바로기제
새바라야 사바하

나모라 다나다라 야야 나막알야 바로기제
새바라야 사바하

사방찬 ┃ 사방을 깨끗이 하는 찬

동방에 물뿌리니 도량이 맑고

남방에 물뿌리니 청량얻으며

서방에 물뿌리니 정토이루고

북방에 물뿌리니 평안해지네.

도량찬 | 청정한 도량의 찬

온도량이 청정하여 티끌없으니

삼보천룡 이도량에 강림하시네

제가이제 묘한진언 외우옵나니

대자대비 베푸시어 가호하소서.

참회게 | 죄업을 뉘우치는 게송

지난세월 제가지은 모든악업은

옛적부터 탐진치로 말미암아서

몸과말과 생각으로 지었사오니

제가이제 모든죄업 참회합니다.

참제업장십이존불

| 열두 부처님을 칭명하여, 듣게 되면 업장이 소멸되는 가지참회법

나무 참제업장 보승장불

보광왕 화렴조불

일체향화 자재력왕불

백억항하사 결정불

진위덕불

금강견강 소복괴산불

보광월전 묘음존왕불

환희장마니 보적불

무진향 승왕불

사자월불

환희장엄 주왕불

제보당마니 승광불

십악참회 | 열 가지 악업을 참회함

살생으로 지은죄업 참회합니다.

도둑질로 지은죄업 참회합니다.

사음으로 지은죄업 참회합니다.

거짓말로 지은죄업 참회합니다.

꾸민말로 지은죄업 참회합니다.

이간질로 지은죄업 참회합니다.

악한말로 지은죄업 참회합니다.

탐욕으로 지은죄업 참회합니다.

성냄으로 지은죄업 참회합니다.

어리석어 지은죄업 참회합니다.

오랜세월 쌓인죄업 한생각에 없어지니

마른풀이 타버리듯 남김없이 사라지네.

죄의자성 본래없어 마음따라 일어나니

마음이 사라지면 죄도함께 없어지네

모든죄가 없어지고 마음조차 사라져서

죄와마음 공해지면 진실한 참회라네

참회진언 | 죄업을 뉘우치는 진언

옴 살바 못자모지 사다야 사바하

옴 살바 못자모지 사다야 사바하

옴 살바 못자모지 사다야 사바하

준제찬 | 준제주의 찬

준제주는 모든공덕 보고이어라

고요한 마음으로 항상외우면

이세상 온갖재난 침범못하리.

하늘이나 사람이나 모든중생이

부처님과 다름없는 복을받으니

이와같은 여의주를 지니는이는

결정코 최상의법 이루오리라.

나무 칠구지불모대준제보살

나무 칠구지불모대준제보살

나무 칠구지불모대준제보살

정법계진언 | 법계를 맑게 하는 진언

옴 람   옴 람   옴 람

호신진언 | 몸을 보호하는 진언

옴 치림   옴 치림   옴 치림

관세음보살 본심미묘 육자대명왕진언

| 관세음보살님의 본마음을 보여주는 미묘한 육자대명왕진언

옴 마니 반메 훔

옴 마니 반메 훔

옴 마니 반메 훔

준제진언

나무 사다남 삼먁삼못다 구치남 다냐타 옴

자례주례 준제 사바하 부림

나무 사다남 삼먁삼못다 구치남 다냐타 옴

자례주례 준제 사바하 부림

나무 사다남 삼먁삼못다 구치남 다냐타 옴

자례주례 준제 사바하 부림

준제발원 | 준제보살의 발원

제가이제 준제주를 지송하오니

보리심을 발하오며 큰원세우고

선정지혜 어서속히 밝아지오며

모든공덕 남김없이 성취하옵고

수승한복 두루두루 장엄하오며

모든중생 깨달음을 이뤄지이다.

여래십대발원문 | 부처님께 발하는 열 가지 원

원하오니 삼악도를 길이 여의고

탐진치 삼독심을 속히 끊으며

불법승 삼보이름 항상 듣고서

계정혜 삼학도를 힘써 닦으며

부처님을 따라서 항상 배우고

원컨대 보리심에 항상 머물며

결정코 극락세계 가서 태어나

아미타 부처님을 친견 하옵고

온세계 모든국토 몸을 나투어

모든중생 빠짐없이 건져지이다.

발사홍서원 | 네 가지 큰 서원

가없는 중생을 건지오리다.

끝없는 번뇌를 끊으오리다.

한없는 법문을 배우오리다.

위없는 불도를 이루오리다.

자성의 중생을 건지오리다.

자성의 번뇌를 끊으오리다.

자성의 법문을 배우오리다.

자성의 불도를 이루오리다.

제가 이제 삼보님께 귀명합니다.

시방세계 부처님께 귀명합니다.

시방세계 가르침에 귀명합니다.

시방세계 스님들께 귀명합니다.

시방세계 부처님께 귀명합니다.

시방세계 가르침에 귀명합니다.

시방세계 스님들께 귀명합니다.

시방세계 부처님께 귀명합니다.

시방세계 가르침에 귀명합니다.

시방세계 스님들께 귀명합니다.

천 수 경

정구업진언 | 구업을 청정케 하는 진언

수리수리 마하수리 수수리 사바하

수리수리 마하수리 수수리 사바하

수리수리 마하수리 수수리 사바하

오방내외안위제신진언

| 오방내외 신중을 편안하게 모시는 진언

나무 사만다 못다남 옴 도로 도로 지미 사바하

나무 사만다 못다남 옴 도로 도로 지미 사바하

나무 사만다 못다남 옴 도로 도로 지미 사바하

개경게 | 경전을 펴는 게송

위없이 심히깊은 미묘한법을

백천만겁 지난들 어찌만나리

제가이제 보고듣고 받아지니니

부처님의 진실한뜻 알아지이다.

개법장진언 | 법장을 여는 진언

옴 아라남 아라다.

옴 아라남 아라다.

옴 아라남 아라다.

천수천안 관음보살 광대하고 원만하며

걸림없는 대비심의 다라니를 청하옵니다.

자비로운 관세음께 절하옵나니

크신원력 원만상호 갖추시옵고

천손으로 중생들을 거두시오며

천눈으로 광명비춰 두루살피네.

진실하온 말씀중에 다라니펴고
함이없는 마음중에 자비심내어
온갖소원 지체없이 이뤄주시고
모든죄업 길이길이 없애주시네.

천룡들과 성현들이 옹호하시고
백천삼매 한순간에 이루어지니
이다라니 지닌몸은 광명당이요
이다라니 지닌마음 신통장이라.

모든번뇌 씻어내고 고해를건너
보리도의 방편문을 얻게되오며

제가이제 지송하고 귀의하오니

온갖소원 마음따라 이뤄지이다.

자비하신 관세음께 귀의하오니

일체법을 어서속히 알아지이다.

자비하신 관세음께 귀의하오니

지혜의눈 어서어서 얻어지이다.

자비하신 관세음께 귀의하오니

모든중생 어서속히 건네지이다.

자비하신 관세음께 귀의하오니

좋은방편 어서어서 얻어지이다.

자비하신 관세음께 귀의하오니

지혜의배 어서속히 올라지이다.

자비하신 관세음께 귀의하오니

고통바다 어서어서 건너지이다.

자비하신 관세음께 귀의하오니

계정혜를 어서속히 얻어지이다.

자비하신 관세음께 귀의하오니

열반언덕 어서어서 올라지이다.

자비하신 관세음께 귀의하오니

무위집에 어서속히 들어지이다.

자비하신 관세음께 귀의하오니

진리의몸 어서어서 이뤄지이다.

칼산지옥 제가가면 칼산절로 꺾여지고

화탕지옥 제가가면 화탕절로 사라지며

지옥세계 제가가면 지옥절로 없어지고

아귀세계 제가가면 아귀절로 배부르며

수라세계 제가가면 악한마음 선해지고

축생세계 제가가면 지혜절로 얻어지이다.

나무 관세음보살마하살

나무 대세지보살마하살

나무 천수보살마하살

나무 여의륜보살마하살

나무 대륜보살마하살

나무 관자재보살마하살

나무 정취보살마하살

나무 만월보살마하살

나무 수월보살마하살

나무 군다리보살마하살

나무 십일면보살마하살

나무 제대보살마하살

나무 본사아미타불

나무 본사아미타불

나무 본사아미타불

신묘장구 대다라니 | 신묘한 대다라니

나모 라다나 다라야야 나막알약 바로기제

새바라야 모지사다바야 마하사다바야 마하가로

니가야 옴 살바 바예수 다라나 가라야 다사명

나막 까리다바 이맘알야 바로기제 새바라 다바

니라간타 나막하리나야 마발다 이사미 살발타

사다남 수반아예염 살바보다남 바바마라

미수다감 다냐타 옴 아로계

아로가 마지로가 지가란제 혜혜하례 마하모지

사다바 사마라 사마라 하리나야 구로구로 갈마

사다야 사다야 도로도로 미연제 마하미연제 다라

다라 다린 나례 새바라 자라자라 마라미마라

아마라 몰제예혜혜 로계새바라 라아 미사미

나사야 나베사미사미 나사야 모하자라 미사미

나사야 호로호로 마라호로 하례 바나마나바

사라사라 시리시리 소로소로 못쟈못쟈 모다야

모다야 매다리야 니라간타 가마사 날사남

바라하리나야 마낙 사바하 싯다야 사바하

마하싯다야 사바하 싯다 유예 새바라야 사바하

니라간타야 사바하 바라하 목카싱하 목카야

사바하 바나마 하따야 사바하 자가라 욕다야

사바하 상카섭나네 모다나야 사바하 마하라

구타다리야 사바하 바마사간타 이사시체다

가릿나 이나야 사바하 먀가라 잘마니바 사나야
사바하

나모라 다나다리 야야 나막알야 바로기제
새바라야 사바하

나모라 다나다리 야야 나막알야 바로기제
새바라야 사바하

나모라 다나다리 야야 나막알야 바로기제
새바라야 사바하

사방찬 | 사방을 깨끗이 하는 찬

동방에 물뿌리니 도량이 맑고

남방에 물뿌리니 청량얻으며

서방에 물뿌리니 정토이루고

북방에 물뿌리니 평안해지네.

도량찬 | 청정한 도량의 찬

온도량이 청정하여 티끌없으니

삼보천룡 이도량에 강림하시네

제가이제 묘한진언 외우옵나니

대자대비 베푸시어 가호하소서.

참회게 | 죄업을 뉘우치는 게송

지난세월 제가지은 모든악업은

옛적부터 탐진치로 말미암아서

몸과말과 생각으로 지었사오니

제가이제 모든죄업 참회합니다.

참제업장십이존불

| 열두 부처님을 칭명하여, 듣게 되면 업장이 소멸되는 가지참회법

나무 참제업장 보승장불

보광왕 화렴조불

일체향화 자재력왕불

백억항하사 결정불

진위덕불

금강견강 소복괴산불

보광월전 묘음존왕불

환희장마니 보적불

무진향 승왕불

사자월불

환희장엄 주왕불

제보당마니 승광불

십악참회 | 열 가지 악업을 참회함

살생으로 지은죄업 참회합니다.

도둑질로 지은죄업 참회합니다.

사음으로 지은죄업 참회합니다.

거짓말로 지은죄업 참회합니다.

꾸민말로 지은죄업 참회합니다.

이간질로 지은죄업 참회합니다.

악한말로 지은죄업 참회합니다.

탐욕으로 지은죄업 참회합니다.

성냄으로 지은죄업 참회합니다.

어리석어 지은죄업 참회합니다.

오랜세월 쌓인죄업 한생각에 없어지니

마른풀이 타버리듯 남김없이 사라지네.

죄의자성 본래없어 마음따라 일어나니

마음이 사라지면 죄도함께 없어지네

모든죄가 없어지고 마음조차 사라져서

죄와마음 공해지면 진실한 참회라네

참회진언 | 죄업을 뉘우치는 진언

옴 살바 못자모지 사다야 사바하

옴 살바 못자모지 사다야 사바하

옴 살바 못자모지 사다야 사바하

준제찬 | 준제주의 찬

준제주는 모든공덕 보고이어라

고요한 마음으로 항상외우면

이세상 온갖재난 침범못하리.

하늘이나 사람이나 모든중생이

부처님과 다름없는 복을받으니

이와같은 여의주를 지니는이는

결정코 최상의법 이루오리라.

나무 칠구지불모대준제보살

나무 칠구지불모대준제보살

나무 칠구지불모대준제보살

정법계진언 | 법계를 맑게 하는 진언

옴 람   옴 람   옴 람

호신진언 | 몸을 보호하는 진언

옴 치림   옴 치림   옴 치림

관세음보살 본심미묘 육자대명왕진언

| 관세음보살님의 본마음을 보여주는 미묘한 육자대명왕진언

옴 마니 반메 훔

옴 마니 반메 훔

옴 마니 반메 훔

준제진언

나무 사다남 삼먁삼못다 구치남 다냐타 옴
자례주례 준제 사바하 부림

나무 사다남 삼먁삼못다 구치남 다냐타 옴
자례주례 준제 사바하 부림

나무 사다남 삼먁삼못다 구치남 다냐타 옴
자례주례 준제 사바하 부림

준제발원 | 준제보살의 발원

제가이제 준제주를 지송하오니

보리심을 발하오며 큰원세우고

선정지혜 어서속히 밝아지오며

모든공덕 남김없이 성취하옵고

수승한복 두루두루 장엄하오며

모든중생 깨달음을 이뤄지이다.

여래십대발원문 | 부처님께 발하는 열 가지 원

원하오니 삼악도를 길이 여의고

탐진치 삼독심을 속히 끊으며

불법승 삼보이름 항상 듣고서

계정혜 삼학도를 힘써 닦으며

부처님을 따라서 항상 배우고

원컨대 보리심에 항상 머물며

결정코 극락세계 가서 태어나

아미타 부처님을 친견 하옵고

온세계 모든국토 몸을 나투어

모든중생 빠짐없이 건져지이다.

발사홍서원 | 네 가지 큰 서원

가없는 중생을 건지오리다.

끝없는 번뇌를 끊으오리다.

한없는 법문을 배우오리다.

위없는 불도를 이루오리다.

자성의 중생을 건지오리다.

자성의 번뇌를 끊으오리다.

자성의 법문을 배우오리다.

자성의 불도를 이루오리다.

제가 이제 삼보님께 귀명합니다.

시방세계 부처님께 귀명합니다.

시방세계 가르침에 귀명합니다.

시방세계 스님들께 귀명합니다.

시방세계 부처님께 귀명합니다.

시방세계 가르침에 귀명합니다.

시방세계 스님들께 귀명합니다.

시방세계 부처님께 귀명합니다.

시방세계 가르침에 귀명합니다.

시방세계 스님들께 귀명합니다.

- -

년   월   일

. - - - - - - - - - - - - - - - - - 두 손 모 음

천 수 경

정구업진언 | 구업을 청정케 하는 진언

수리수리 마하수리 수수리 사바하

수리수리 마하수리 수수리 사바하

수리수리 마하수리 수수리 사바하

오방내외안위제신진언

| 오방내외 신중을 편안하게 모시는 진언

나무 사만다 못다남 옴 도로 도로 지미 사바하

나무 사만다 못다남 옴 도로 도로 지미 사바하

나무 사만다 못다남 옴 도로 도로 지미 사바하

개경게 | 경전을 펴는 게송

위없이 심히깊은 미묘한법을

백천만겁 지난들 어찌만나리

제가이제 보고듣고 받아지니니

부처님의 진실한뜻 알아지이다.

개법장진언 | 법장을 여는 진언

옴 아라남 아라다.

옴 아라남 아라다.

옴 아라남 아라다.

천수천안 관음보살 광대하고 원만하며

걸림없는 대비심의 다라니를 청하옵니다.

자비로운 관세음께 절하옵나니

크신원력 원만상호 갖추시옵고

천손으로 중생들을 거두시오며

천눈으로 광명비춰 두루살피네.

진실하온 말씀중에 다라니펴고
함이없는 마음중에 자비심내어
온갖소원 지체없이 이뤄주시고
모든죄업 길이길이 없애주시네.

천룡들과 성현들이 옹호하시고
백천삼매 한순간에 이루어지니
이다라니 지닌몸은 광명당이요
이다라니 지닌마음 신통장이라.

모든번뇌 씻어내고 고해를건너
보리도의 방편문을 얻게되오며

제가이제 지송하고 귀의하오니

온갖소원 마음따라 이뤄지이다.

자비하신 관세음께 귀의하오니

일체법을 어서속히 알아지이다.

자비하신 관세음께 귀의하오니

지혜의눈 어서어서 얻어지이다.

자비하신 관세음께 귀의하오니

모든중생 어서속히 건네지이다.

자비하신 관세음께 귀의하오니

좋은방편 어서어서 얻어지이다.

자비하신 관세음께 귀의하오니

지혜의배 어서속히 올라지이다.

자비하신 관세음께 귀의하오니

고통바다 어서어서 건너지이다.

자비하신 관세음께 귀의하오니

계정혜를 어서속히 얻어지이다.

자비하신 관세음께 귀의하오니

열반언덕 어서어서 올라지이다.

자비하신 관세음께 귀의하오니

무위집에 어서속히 들어지이다.

자비하신 관세음께 귀의하오니

진리의몸 어서어서 이뤄지이다.

칼산지옥 제가가면 칼산절로 꺾여지고

화탕지옥 제가가면 화탕절로 사라지며

지옥세계 제가가면 지옥절로 없어지고

아귀세계 제가가면 아귀절로 배부르며

수라세계 제가가면 악한마음 선해지고

축생세계 제가가면 지혜절로 얻어지이다.

나무 관세음보살마하살

나무 대세지보살마하살

나무 천수보살마하살

나무 여의륜보살마하살

나무 대륜보살마하살

나무 관자재보살마하살

나무 정취보살마하살

나무 만월보살마하살

나무 수월보살마하살

나무 군다리보살마하살

나무 십일면보살마하살

나무 제대보살마하살

나무 본사아미타불

나무 본사아미타불

나무 본사아미타불

신묘장구 대다라니 | 신묘한 대다라니

나모 라다나 다라야야 나막알약 바로기제

새바라야 모지사다바야 마하사다바야 마하가로

니가야 옴 살바 바예수 다라나 가라야 다사명

나막 까리다바 이맘알야 바로기제 새바라 다바

니라간타 나막하리나야 마발다 이사미 살발타

사다남 수반아예염 살바보다남 바바마라

미수다감 다냐타 옴 아로계

아로가 마지로가 지가란제 혜혜하례 마하모지

사다바 사마라 사마라 하리나야 구로구로 갈마

사다야 사다야 도로도로 미연제 마하미연제 다라

다라 다린 나례 새바라 자라자라 마라미마라

아마라 몰제예혜혜 로계새바라 라아 미사미

나사야 나베사미사미 나사야 모하자라 미사미

나사야 호로호로 마라호로 하례 바나마나바

사라사라 시리시리 소로소로 못쟈못쟈 모다야

모다야 매다리야 니라간타 가마사 날사남

바라하리나야 마낙 사바하 싯다야 사바하

마하싯다야 사바하 싯다 유예 새바라야 사바하

니라간타야 사바하 바라하 목카싱하 목카야

사바하 바나마 하따야 사바하 자가라 욕다야

사바하 상카섭나네 모다나야 사바하 마하라

구타다라야 사바하 바마사간타 이사시체다

가릿나 이나야 사바하 먀가라 잘마니바 사나야

사바하

나모라 다나다라 야야 나막알야 바로기제

새바라야 사바하

나모라 다나다라 야야 나막알야 바로기제

새바라야 사바하

나모라 다나다라 야야 나막알야 바로기제

새바라야 사바하

사방찬 | 사방을 깨끗이 하는 찬

동방에 물뿌리니 도량이 맑고

남방에 물뿌리니 청량얼으며

서방에 물뿌리니 정토이루고

북방에 물뿌리니 평안해지네.

도량찬 | 청정한 도량의 찬

온도량이 청정하여 티끌없으니

삼보천룡 이도량에 강림하시네

제가이제 묘한진언 외우옵나니

대자대비 베푸시어 가호하소서.

참회게 | 죄업을 뉘우치는 게송

지난세월 제가지은 모든악업은

옛적부터 탐진치로 말미암아서

몸과말과 생각으로 지었사오니

제가이제 모든죄업 참회합니다.

참제업장십이존불

| 열두 부처님을 칭명하여, 듣게 되면 업장이 소멸되는 가지참회법

나무 참제업장 보승장불

보광왕 화렴조불

일체향화 자재력왕불

백억항하사 결정불

진위덕불

금강견강 소복괴산불

보광월전 묘음존왕불

환희장마니 보적불

무진향 승왕불

사자월불

환희장엄 주왕불

제보당마니 승광불

십악참회 | 열 가지 악업을 참회함

살생으로 지은죄업 참회합니다.

도둑질로 지은죄업 참회합니다.

사음으로 지은죄업 참회합니다.

거짓말로 지은죄업 참회합니다.

꾸민말로 지은죄업 참회합니다.

이간질로 지은죄업 참회합니다.

악한말로 지은죄업 참회합니다.

탐욕으로 지은죄업 참회합니다.

성냄으로 지은죄업 참회합니다.

어리석어 지은죄업 참회합니다.

오랜세월 쌓인죄업 한생각에 없어지니

마른풀이 타버리듯 남김없이 사라지네.

죄의자성 본래없어 마음따라 일어나니

마음이 사라지면 죄도함께 없어지네

모든죄가 없어지고 마음조차 사라져서

죄와마음 공해지면 진실한 참회라네

참회진언 | 죄업을 뉘우치는 진언

옴 살바 못자모지 사다야 사바하

옴 살바 못자모지 사다야 사바하

옴 살바 못자모지 사다야 사바하

준제찬 | 준제주의 찬

준제주는 모든공덕 보고이어라

고요한 마음으로 항상외우면

이세상 온갖재난 침범못하리.

하늘이나 사람이나 모든중생이

부처님과 다름없는 복을받으니

이와같은 여의주를 지니는이는

결정코 최상의법 이루오리라.

나무 칠구지불모대준제보살

나무 칠구지불모대준제보살

나무 칠구지불모대준제보살

정법계진언 ┃ 법계를 맑게 하는 진언

옴 람   옴 람   옴 람

호신진언 ┃ 몸을 보호하는 진언

옴 치림   옴 치림   옴 치림

관세음보살 본심미묘 육자대명왕진언

| 관세음보살님의 본마음을 보여주는 미묘한 육자대명왕진언

옴 마니 반메 훔

옴 마니 반메 훔

옴 마니 반메 훔

준제진언

나무 사다남 삼먁삼못다 구치남 다냐타 옴

자례주례 준제 사바하 부림

나무 사다남 삼먁삼못다 구치남 다냐타 옴

자례주례 준제 사바하 부림

나무 사다남 삼먁삼못다 구치남 다냐타 옴

자례주례 준제 사바하 부림

준제발원 | 준제보살의 발원

제가이제 준제주를 지송하오니

보리심을 발하오며 큰원세우고

선정지혜 어서속히 밝아지오며

모든공덕 남김없이 성취하옵고

수승한복 두루두루 장엄하오며

모든중생 깨달음을 이뤄지이다.

여래십대발원문 | 부처님께 발하는 열 가지 원

원하오니 삼악도를 길이 여의고

탐진치 삼독심을 속히 끊으며

불법승 삼보이름 항상 듣고서

계정혜 삼학도를 힘써 닦으며

부처님을 따라서 항상 배우고

원컨대 보리심에 항상 머물며

결정코 극락세계 가서 태어나

아미타 부처님을 친견 하웁고

온세계 모든국토 몸을 나투어

모든중생 빠짐없이 건져지이다.

발사홍서원 | 네 가지 큰 서원

가없는 중생을 건지오리다.

끝없는 번뇌를 끊으오리다.

한없는 법문을 배우오리다.

위없는 불도를 이루오리다.

자성의 중생을 건지오리다.

자성의 번뇌를 끊으오리다.

자성의 법문을 배우오리다.

자성의 불도를 이루오리다.

제가 이제 삼보님께 귀명합니다.

시방세계 부처님께 귀명합니다.

시방세계 가르침에 귀명합니다.

시방세계 스님들께 귀명합니다.

시방세계 부처님께 귀명합니다.

시방세계 가르침에 귀명합니다.

시방세계 스님들께 귀명합니다.

시방세계 부처님께 귀명합니다.

시방세계 가르침에 귀명합니다.

시방세계 스님들께 귀명합니다.

천 수 경

정구업진언 | 구업을 청정케 하는 진언

수리수리 마하수리 수수리 사바하

수리수리 마하수리 수수리 사바하

수리수리 마하수리 수수리 사바하

오방내외안위제신진언

| 오방내외 신중을 편안하게 모시는 진언

나무 사만다 못다남 옴 도로 도로 지미 사바하

나무 사만다 못다남 옴 도로 도로 지미 사바하

나무 사만다 못다남 옴 도로 도로 지미 사바하

개경게 | 경전을 펴는 게송

위없이 심히깊은 미묘한법을

백천만겁 지난들 어찌만나리

제가이제 보고듣고 받아지니니

부처님의 진실한뜻 알아지이다.

개법장진언 | 법장을 여는 진언

옴 아라남 아라다.

옴 아라남 아라다.

옴 아라남 아라다.

천수천안 관음보살 광대하고 원만하며

걸림없는 대비심의 다라니를 청하옵니다.

자비로운 관세음께 절하옵나니

크신원력 원만상호 갖추시옵고

천손으로 중생들을 거두시오며

천눈으로 광명비춰 두루살피네.

진실하온 말씀중에 다라니펴고
함이없는 마음중에 자비심내어
온갖소원 지체없이 이뤄주시고
모든죄업 길이길이 없애주시네.

천룡들과 성현들이 옹호하시고
백천삼매 한순간에 이루어지니
이다라니 지닌몸은 광명당이요
이다라니 지닌마음 신통장이라.

모든번뇌 씻어내고 고해를건너
보리도의 방편문을 얻게되오며

제가이제 지송하고 귀의하오니

온갖소원 마음따라 이뤄지이다.

자비하신 관세음께 귀의하오니

일체법을 어서속히 알아지이다.

자비하신 관세음께 귀의하오니

지혜의눈 어서어서 얻어지이다.

자비하신 관세음께 귀의하오니

모든중생 어서속히 건네지이다.

자비하신 관세음께 귀의하오니

좋은방편 어서어서 얻어지이다.

자비하신 관세음께 귀의하오니

지혜의배 어서속히 올라지이다.

자비하신 관세음께 귀의하오니

고통바다 어서어서 건너지이다.

자비하신 관세음께 귀의하오니

계정혜를 어서속히 얻어지이다.

자비하신 관세음께 귀의하오니

열반언덕 어서어서 올라지이다.

자비하신 관세음께 귀의하오니

무위집에 어서속히 들어지이다.

자비하신 관세음께 귀의하오니

진리의몸 어서어서 이뤄지이다.

칼산지옥 제가가면 칼산절로 꺾여지고

화탕지옥 제가가면 화탕절로 사라지며

지옥세계 제가가면 지옥절로 없어지고

아귀세계 제가가면 아귀절로 배부르며

수라세계 제가가면 악한마음 선해지고

축생세계 제가가면 지혜절로 얻어지이다.

나무 관세음보살마하살

나무 대세지보살마하살

나무 천수보살마하살

나무 여의륜보살마하살

나무 대륜보살마하살

나무 관자재보살마하살

나무 정취보살마하살

나무 만월보살마하살

나무 수월보살마하살

나무 군다리보살마하살

나무 십일면보살마하살

나무 제대보살마하살

나무 본사아미타블

나무 본사아미타블

나무 본사아미타블

신묘장구 대다라니 | 신묘한 대다라니

나모 라다나 다라야야 나막알약 바로기제

새바라야 모지사다바야 마하사다바야 마하가로

니가야 옴 살바 바예수 다라나 가라야 다사명

나막 까리다바 이맘알야 바로기제 새바라 다바

니라간타 나막하리나야 마발다 이사미 살발타

사다남 수반아예염 살바보다남 바바마라

미수다감 다냐타 옴 아로계

아로가 마지로가 지가란제 혜혜하례 마하모지

사다바 사마라 사마라 하리나야 구로구로 갈마

사다야 사다야 도로도로 미연제 마하미연제 다라

다라 다린 나례 새바라 자라자라 마라미마라

아마라 몰제예혜혜 로계새바라 라아 미사미

나사야 나베사미사미 나사야 모하자라 미사미

나사야 호로호로 마라호로 하례 바나마나바

사라사라 시리시리 소로소로 못쟈못쟈 모다야

모다야 매다리야 니라간타 가마사 날사남

바라하리나야 마낙 사바하 싯다야 사바하

마하싯다야 사바하 싯다 유예 새바라야 사바하

니라간타야 사바하 바라하 목카싱하 목카야

사바하 바나마 하따야 사바하 자가라 욕다야

사바하 상카섭나네 모다나야 사바하 마하라

구타다리야 사바하 바마사간타 이사시체다

가릿나 이나야 사바하 먀가라 잘마니바 사나야

사바하

나모라 다나다라 야야 나막알야 바로기제

새바라야 사바하

나모라 다나다라 야야 나막알야 바로기제

새바라야 사바하

나모라 다나다라 야야 나막알야 바로기제

새바라야 사바하

사방찬 | 사방을 깨끗이 하는 찬

동방에 물뿌리니 도량이 맑고

남방에 물뿌리니 청량얻으며

서방에 물뿌리니 정토이루고

북방에 물뿌리니 평안해지네.

도량찬 | 청정한 도량의 찬

온도량이 청정하여 티끌없으니

삼보천룡 이도량에 강림하시네

제가이제 묘한진언 외우옵나니

대자대비 베푸시어 가호하소서.

참회게 | 죄업을 뉘우치는 게송

지난세월 제가지은 모든악업은

옛적부터 탐진치로 말미암아서

몸과말과 생각으로 지었사오니

제가이제 모든죄업 참회합니다.

참제업장십이존불

| 열두 부처님을 칭명하여, 듣게 되면 업장이 소멸되는 가지참회법

나무 참제업장 보승장불

보광왕 화렴조불

일체향화 자재력왕불

백억항하사 결정불

진위덕불

금강견강 소복괴산불

보광월전 묘음존왕불

환희장마니 보적불

무진향 승왕불

사자월불

환희장엄 주왕불

제보당마니 승광불

십악참회 | 열 가지 악업을 참회함

살생으로 지은죄업 참회합니다.

도둑질로 지은죄업 참회합니다.

사음으로 지은죄업 참회합니다.

거짓말로 지은죄업 참회합니다.

꾸민말로 지은죄업 참회합니다.

이간질로 지은죄업 참회합니다.

악한말로 지은죄업 참회합니다.

탐욕으로 지은죄업 참회합니다.

성냄으로 지은죄업 참회합니다.

어리석어 지은죄업 참회합니다.

오랜세월 쌓인죄업 한생각에 없어지니

마른풀이 타버리듯 남김없이 사라지네.

죄의자성 본래없어 마음따라 일어나니

마음이 사라지면 죄도함께 없어지네

모든죄가 없어지고 마음조차 사라져서

죄와마음 공해지면 진실한 참회라네

참회진언 | 죄업을 뉘우치는 진언

옴 살바 못자모지 사다야 사바하

옴 살바 못자모지 사다야 사바하

옴 살바 못자모지 사다야 사바하

준제찬 | 준제주의 찬

준제주는 모든공덕 보고이어라

고요한 마음으로 항상외우면

이세상 온갖재난 침범못하리.

하늘이나 사람이나 모든중생이

부처님과 다름없는 복을받으니

이와같은 여의주를 지니는이는

결정코 최상의법 이루오리라.

나무 칠구지불모대준제보살

나무 칠구지불모대준제보살

나무 칠구지불모대준제보살

정법계진언 | 법계를 맑게 하는 진언

옴 람   옴 람   옴 람

호신진언 | 몸을 보호하는 진언

옴 치림   옴 치림   옴 치림

관세음보살 본심미묘 육자대명왕진언

| 관세음보살님의 본마음을 보여주는 미묘한 육자대명왕진언

옴 마니 반메 훔

옴 마니 반메 훔

옴 마니 반메 훔

준제진언

나무 사다남 삼먁삼못다 구치남 다냐타 옴

자례주례 준제 사바하 부림

나무 사다남 삼먁삼못다 구치남 다냐타 옴

자례주례 준제 사바하 부림

나무 사다남 삼먁삼못다 구치남 다냐타 옴

자례주례 준제 사바하 부림

준제발원 | 준제보살의 발원

제가이제 준제주를 지송하오니

보리심을 발하오며 큰원세우고

선정지혜 어서속히 밝아지오며

모든공덕 남김없이 성취하옵고

수승한복 두루두루 장엄하오며

모든중생 깨달음을 이뤄지이다.

여래십대발원문 | 부처님께 발하는 열 가지 원

원하오니 삼악도를 길이 여의고

탐진치 삼독심을 속히 끊으며

불법승 삼보이름 항상 듣고서

계정혜 삼학도를 힘써 닦으며

부처님을 따라서 항상 배우고

원컨대 보리심에 항상 머물며

결정코 극락세계 가서 태어나

아미타 부처님을 친견 하옵고

온세계 모든국토 몸을 나투어

모든중생 빠짐없이 건져지이다.

발사홍서원 | 네 가지 큰 서원

가없는 중생을 건지오리다.

끝없는 번뇌를 끊으오리다.

한없는 법문을 배우오리다.

위없는 불도를 이루오리다.

자성의 중생을 건지오리다.

자성의 번뇌를 끊으오리다.

자성의 법문을 배우오리다.

자성의 불도를 이루오리다.

제가 이제 삼보님께 귀명합니다.

시방세계 부처님께 귀명합니다.

시방세계 가르침에 귀명합니다.

시방세계 스님들께 귀명합니다.

시방세계 부처님께 귀명합니다.

시방세계 가르침에 귀명합니다.

시방세계 스님들께 귀명합니다.

시방세계 부처님께 귀명합니다.

시방세계 가르침에 귀명합니다.

시방세계 스님들께 귀명합니다.

천 수 경

정구업진언 | 구업을 청정케 하는 진언

수리수리 마하수리 수수리 사바하

수리수리 마하수리 수수리 사바하

수리수리 마하수리 수수리 사바하

오방내외안위제신진언

| 오방내외 신중을 편안하게 모시는 진언

나무 사만다 못다남 옴 도로 도로 지미 사바하

나무 사만다 못다남 옴 도로 도로 지미 사바하

나무 사만다 못다남 옴 도로 도로 지미 사바하

개경게 | 경전을 펴는 게송

위없이 심히깊은 미묘한법을

백천만겁 지난들 어찌만나리

제가이제 보고듣고 받아지니니

부처님의 진실한뜻 알아지이다.

개법장진언 | 법장을 여는 진언

옴 아라남 아라다.

옴 아라남 아라다.

옴 아라남 아라다.

천수천안 관음보살 광대하고 원만하며

걸림없는 대비심의 다라니를 청하옵니다.

자비로운 관세음께 절하옵나니

크신원력 원만상호 갖추시옵고

천손으로 중생들을 거두시오며

천눈으로 광명비춰 두루살피네.

진실하온 말씀중에 다라니펴고
함이없는 마음중에 자비심내어
온갖소원 지체없이 이뤄주시고
모든죄업 길이길이 없애주시네.

천룡들과 성현들이 옹호하시고
백천삼매 한순간에 이루어지니
이다라니 지닌몸은 광명당이요
이다라니 지닌마음 신통장이라.

모든번뇌 씻어내고 고해를건너
보리도의 방편문을 얻게되오며

제가이제 지송하고 귀의하오니

온갖소원 마음따라 이뤄지이다.

자비하신 관세음께 귀의하오니

일체법을 어서속히 알아지이다.

자비하신 관세음께 귀의하오니

지혜의눈 어서어서 얻어지이다.

자비하신 관세음께 귀의하오니

모든중생 어서속히 건네지이다.

자비하신 관세음께 귀의하오니

좋은방편 어서어서 얻어지이다.

자비하신 관세음께 귀의하오니

지혜의배 어서속히 올라지이다.

자비하신 관세음께 귀의하오니

고통바다 어서어서 건너지이다.

자비하신 관세음께 귀의하오니

계정혜를 어서속히 얻어지이다.

자비하신 관세음께 귀의하오니

열반언덕 어서어서 올라지이다.

자비하신 관세음께 귀의하오니

무위집에 어서속히 들어지이다.

자비하신 관세음께 귀의하오니

진리의몸 어서어서 이뤄지이다.

칼산지옥 제가가면 칼산절로 꺾여지고

화탕지옥 제가가면 화탕절로 사라지며

지옥세계 제가가면 지옥절로 없어지고

아귀세계 제가가면 아귀절로 배부르며

수라세계 제가가면 악한마음 선해지고

축생세계 제가가면 지혜절로 얻어지이다.

나무 관세음보살마하살

나무 대세지보살마하살

나무 천수보살마하살

나무 여의륜보살마하살

나무 대륜보살마하살

나무 관자재보살마하살

나무 정취보살마하살

나무 만월보살마하살

나무 수월보살마하살

나무 군다리보살마하살

나무 십일면보살마하살

나무 제대보살마하살

나무 본사아미타불

나무 본사아미타불

나무 본사아미타불

신묘장구 대다라니 | 신묘한 대다라니

나모 라다나 다라야야 나막알약 바로기제

새바라야 모지사다바야 마하사다바야 마하가로

니가야 옴 살바 바예수 다라나 가라야 다사명

나막 까리다바 이맘알야 바로기제 새바라 다바

니라간타 나막하리나야 마발다 이사미 살발타

사다남 수반아예염 살바보다남 바바마라

미수다감 다냐타 옴 아로계

아로가 마지로가 지가란제 혜혜하례 마하모지

사다바 사마라 사마라 하리나야 구로구로 갈마

사다야 사다야 도로도로 미연제 마하미연제 다라

다라 다린 나례 새바라 자라자라 마라미마라

아마라 몰제예헤헤 로계새바라 라아 미사미

나사야 나베사미사미 나사야 모하자라 미사미

나사야 호로호로 마라호로 하례 바나마나바

사라사라 시리시리 소로소로 못쟈못쟈 모다야

모다야 매다리야 니라간타 가마사 날사남

바라하리나야 마낙 사바하 싯다야 사바하

마하싯다야 사바하 싯다 유예 새바라야 사바하

니라간타야 사바하 바라하 목카싱하 목카야

사바하 바나마 하따야 사바하 자가라 욕다야

사바하 상카섭나네 모다나야 사바하 마하라

구타다라야 사바하 바마사간타 이사시체다

가릿나 이나야 사바하 먀가리 잘마니바 사나야
  사바하
  나모라 다나다리 야야 나막알야 바로기제
새바라야 사바하
  나모라 다나다리 야야 나막알야 바로기제
새바라야 사바하
  나모라 다나다리 야야 나막알야 바로기제
새바라야 사바하

  사방찬 | 사방을 깨끗이 하는 찬
  동방에 물뿌리니 도량이 맑고
  남방에 물뿌리니 청량얻으며
  서방에 물뿌리니 정토이루고
  북방에 물뿌리니 평안해지네.

도량찬 | 청정한 도량의 찬

온도량이 청정하여 티끌없으니

삼보천룡 이도량에 강림하시네

제가이제 묘한진언 외우옵나니

대자대비 베푸시어 가호하소서.

참회게 | 죄업을 뉘우치는 게송

지난세월 제가지은 모든악업은

옛적부터 탐진치로 말미암아서

몸과말과 생각으로 지었사오니

제가이제 모든죄업 참회합니다.

참제업장십이존불

| 열두 부처님을 칭명하여, 듣게 되면 업장이 소멸되는 가지참회법

나무 참제업장 보승장불

보광왕 화렴조불

일체향화 자재력왕불

백억항하사 결정불

진위덕불

금강견강 소복괴산불

보광월전 묘음존왕불

환희장마니 보적불

무진향 승왕불

사자월불

환희장엄 주왕불

제보당마니 승광불

십악참회 | 열 가지 악업을 참회함

살생으로 지은죄업 참회합니다.

도둑질로 지은죄업 참회합니다.

사음으로 지은죄업 참회합니다.

거짓말로 지은죄업 참회합니다.

꾸민말로 지은죄업 참회합니다.

이간질로 지은죄업 참회합니다.

악한말로 지은죄업 참회합니다.

탐욕으로 지은죄업 참회합니다.

성냄으로 지은죄업 참회합니다.

어리석어 지은죄업 참회합니다.

오랜세월 쌓인죄업 한생각에 없어지니

마른풀이 타버리듯 남김없이 사라지네.

죄의자성 본래없어 마음따라 일어나니

마음이 사라지면 죄도함께 없어지네

모든죄가 없어지고 마음조차 사라져서

죄와마음 공해지면 진실한 참회라네

참회진언 | 죄업을 뉘우치는 진언

옴 살바 못자모지 사다야 사바하

옴 살바 못자모지 사다야 사바하

옴 살바 못자모지 사다야 사바하

준제찬 | 준제주의 찬

준제주는 모든공덕 보고이어라

고요한 마음으로 항상외우면

이세상 온갖재난 침범못하리.

하늘이나 사람이나 모든중생이

부처님과 다름없는 복을받으니

이와같은 여의주를 지니는이는

결정코 최상의법 이루오리라.

나무 칠구지불모대준제보살

나무 칠구지불모대준제보살

나무 칠구지불모대준제보살

정법계진언 | 법계를 맑게 하는 진언

옴 람   옴 람   옴 람

호신진언 | 몸을 보호하는 진언

옴 치림   옴 치림   옴 치림

관세음보살 본심미묘 육자대명왕진언

| 관세음보살님의 본마음을 보여주는 미묘한 육자대명왕진언

옴 마니 반메 훔

옴 마니 반메 훔

옴 마니 반메 훔

준제진언

나무 사다남 삼먁삼못다 구치남 다냐타 옴
자례주례 준제 사바하 부림

나무 사다남 삼먁삼못다 구치남 다냐타 옴
자례주례 준제 사바하 부림

나무 사다남 삼먁삼못다 구치남 다냐타 옴
자례주례 준제 사바하 부림

준제발원 | 준제보살의 발원

제가이제 준제주를 지송하오니

보리심을 발하오며 큰원세우고

선정지혜 어서속히 밝아지오며

모든공덕 남김없이 성취하웁고

수승한복 두루두루 장엄하오며

모든중생 깨달음을 이뤄지이다.

여래십대발원문 | 부처님께 발하는 열 가지 원

원하오니 삼악도를 길이 여의고

탐진치 삼독심을 속히 끊으며

불법승 삼보이름 항상 듣고서

계정혜 삼학도를 힘써 닦으며

부처님을 따라서 항상 배우고

원컨대 보리심에 항상 머물며

결정코 극락세계 가서 태어나

아미타 부처님을 친견 하옵고

온세계 모든국토 몸을 나투어

모든중생 빠짐없이 건져지이다.

발사홍서원 | 네 가지 큰 서원

가없는 중생을 건지오리다.

끝없는 번뇌를 끊으오리다.

한없는 법문을 배우오리다.

위없는 불도를 이루오리다.

자성의 중생을 건지오리다.

자성의 번뇌를 끊으오리다.

자성의 법문을 배우오리다.

자성의 불도를 이루오리다.

제가 이제 삼보님께 귀명합니다.

시방세계 부처님께 귀명합니다.

시방세계 가르침에 귀명합니다.

시방세계 스님들께 귀명합니다.

시방세계 부처님께 귀명합니다.

시방세계 가르침에 귀명합니다.

시방세계 스님들께 귀명합니다.

시방세계 부처님께 귀명합니다.

시방세계 가르침에 귀명합니다.

시방세계 스님들께 귀명합니다.

사경끝난 날   년 월 일

두손모음

한글사경

천 수 경

────────

1판 1쇄 찍은 날 2022년 4월 20일
1판 1쇄 펴낸 날 2022년 4월 25일

────────

펴 낸 이 장재수
편찬위원 박윤필
기   획 김익현
제   작 디자인/백한수, 편집/백승웅
펴 낸 곳 (주) 화엄북스
주   소 경기도 고양시 일산동구 노첨길56번길 63-9
전   화 031 901 9755, 팩   스 031 901 9766
이 메 일 eg9396@naver.com

────────

출판등록 제2021-000181호
ISBN 979-11-977514-1-7 (13220)

정가 9,000원